L'air

Québec Amérique

Projet dirigé par Marie-Anne Legault, éditrice

Recherche et conception: Joliane Roy
Rédaction: Katia Vermette
Conception graphique et mise en pages: Marylène Plante-Germain
Illustrations: Marc Chouinard et Marthe Boisjoly
Révision linguistique: Sabrina Raymond
Expert-consultant: Antony Laberge, chimiste, spécialiste en qualité de l'air
Conseillère pédagogique: Anne Gucciardi

Québec Amérique
7240, rue Saint-Hubert
Montréal (Québec) Canada H2R 2N1
Téléphone: 514 499-3000, télécopieur: 514 499-3010

Nous reconnaissons l'aide financière du gouvernement du Canada.

Nous remercions le Conseil des arts du Canada de son soutien.
We acknowledge the support of the Canada Council for the Arts.

Nous tenons également à remercier la SODEC pour son appui financier.
Gouvernement du Québec – Programme de crédit d'impôt pour l'édition de livres – Gestion SODEC.

Catalogage avant publication de Bibliothèque et Archives nationales du Québec et Bibliothèque et Archives Canada

Titre: L'air.
Autres titres: Air (2022)
Description: Mention de collection: Sa[voir]
Identifiants: Canadiana (livre imprimé) 20220001146 | Canadiana (livre numérique) 20220001154 | ISBN 9782764446201 | ISBN 9782764446218 (PDF)
Vedettes-matière: RVM: Air–Ouvrages pour la jeunesse. | RVM: Pollution–Ouvrages pour la jeunesse. | RVMGF: Albums documentaires.
Classification: LCC QC161.2.A47 2022 | CDD j533/.6–dc23

Dépôt légal, Bibliothèque et Archives nationales du Québec, 2022
Dépôt légal, Bibliothèque et Archives du Canada, 2022

Tous droits de traduction, de reproduction et d'adaptation réservés

© Éditions Québec Amérique inc., 2022.
quebec-amerique.com

Imprimé au Canada

Crédits photo

p. 14: meirion matthias - 58545211 / shutterstock.com
p. 19: Éolienne de Charles F. Brush, Robert W. Righter, *Wind Energy in America: A History*, University of Oklahoma Press, p. 44, 1888 / commons.wikimedia.org
p. 25: urbans - 482486272 / shutterstock.com
p. 27: Tonhio411 - 1778476835 / shutterstock.com
p. 29: Albachiaraa - 139963210 / shutterstock.com

Dans la même collection:

L'ENVIRONNEMENT

L'ENVIRONNEMENT englobe tous les éléments naturels de notre planète : l'air, l'eau, la terre, les végétaux et les animaux. Nous aussi, les êtres humains, en faisons partie !

L'AIR est un mélange de gaz qui enveloppe la Terre. En plus de mettre en place les conditions essentielles à la vie sur la planète, l'air contient l'oxygène qui nous permet de respirer.

Chaque jour, toutefois, l'air se remplit de polluants qui sont produits par les activités humaines. En plus d'être mauvais pour notre santé, les polluants de l'air réchauffent la Terre. En quoi consiste réellement l'air qui forme l'**atmosphère** de notre planète ? Que pouvons-nous faire pour le préserver et ainsi protéger l'environnement ?

Chaque fois que tu vois un mot en **bleu**, c'est qu'une définition se trouve dans le glossaire à la dernière page !

Mais encore, c'est quoi *l'air*?

L'air qui nous entoure est rempli de gaz invisibles qui forment l'**atmosphère** de la Terre. Chacun de ces gaz joue un rôle important pour conserver un climat propice à la vie.

Qu'y a-t-il dans l'air?

- L'**azote** (N_2) est le gaz le plus abondant de l'air. Il est aussi présent chez tous les êtres vivants, puisqu'il sert à fabriquer les protéines qui sont essentielles à leur fonctionnement.
- L'**oxygène** (O_2) permet aux plantes, aux animaux et aux humains de respirer.
- Le **gaz carbonique** (CO_2) est rejeté dans l'atmosphère lorsque les êtres vivants respirent. Il sert ensuite aux plantes, qui l'utilisent pour produire de l'oxygène.
- D'**autres gaz** comme l'argon (Ar), l'ozone (O_3) et le méthane (CH_4) sont présents en très petites quantités dans l'air. Avec la vapeur d'eau et le gaz carbonique, ils aident à retenir la chaleur du Soleil sur la Terre.

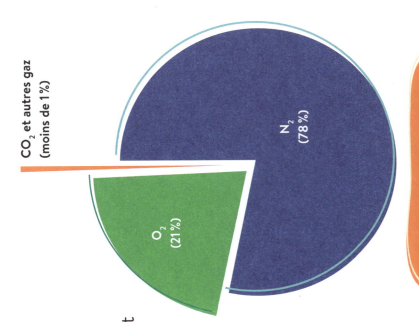

CO_2 et autres gaz (moins de 1%)

N_2 (78%)

O_2 (21%)

Il y a aussi dans l'air de la poussière et des polluants. Lorsqu'ils se trouvent en excès, ils deviennent mauvais pour la santé et pour l'environnement.

L'air

Un peu d'histoire

L'air est essentiel à la vie. Sans l'oxygène qu'il contient, il nous serait impossible de respirer. Mais l'air n'a pas toujours existé sur Terre... À la naissance de notre planète, il y a 4,6 milliards d'années, l'atmosphère était toxique. L'oxygène est apparu dans l'air plus de 2 milliards d'années plus tard, grâce à une minuscule algue bleu-vert appelée « **cyanobactérie** ».

Pour se nourrir, la cyanobactérie a mis au point un tout nouveau processus : la **photosynthèse**. En gros, il s'agit de fabriquer de la nourriture à partir de carbone (présent dans l'air sous forme de gaz carbonique), de minéraux, de l'eau et des rayons du Soleil. Au cours de ce processus, un peu d'oxygène est rejeté dans l'atmosphère. Avec le temps, plusieurs **végétaux** (plantes) capables de faire la photosynthèse sont apparus. La quantité d'oxygène dans l'air a ainsi augmenté pour atteindre un niveau qui nous permet aujourd'hui de bien respirer.

naissance de la Terre

aujourd'hui

Les cyanobactéries existent encore aujourd'hui. Elles font partie du **phytoplancton**, c'est-à-dire l'ensemble des minuscules organismes qui flottent à la surface des eaux. En plus de produire de l'oxygène, le phytoplancton sert de nourriture aux animaux aquatiques.

L'air

Un cycle essentiel

L'**oxygène (O₂)** et le **gaz carbonique (CO₂)** qui se trouvent dans l'air se transforment et se renouvellent sans cesse sur la Terre. C'est le cycle de l'oxygène et du carbone. Chaque élément du cycle a son rôle à jouer dans la survie des êtres vivants.

1 Produire de l'oxygène par la photosynthèse

La **photosynthèse** permet aux plantes de fabriquer leur propre nourriture à l'aide de leurs pigments verts appelés « chlorophylle ». Pour y arriver, les plantes captent l'énergie du Soleil et la transforment en nourriture à partir du gaz carbonique (CO₂) qui se trouve dans l'air, mais aussi de l'eau et des **minéraux** contenus dans le sol. Au cours de ce processus, la plante rejette de l'oxygène (O₂) dans l'air que les êtres vivants respirent.

2. Au cours de la photosynthèse, la plante rejette de l'oxygène (O₂) dans l'**atmosphère**.

O₂

1. La plante utilise le CO₂ présent dans l'air pour fabriquer sa nourriture grâce à la photosynthèse.

En captant du gaz carbonique lors de la photosynthèse, les végétaux emmagasinent une partie du carbone qui s'accumule dans l'air. On dit qu'ils sont des « réservoirs de carbone » et des « purificateurs d'air »… tant qu'ils sont vivants.

6 L'air

2 Relâcher du gaz carbonique par la respiration

La **respiration** est le processus qui permet de produire de l'énergie à partir d'oxygène (O_2) et de nourriture. Lorsqu'ils respirent, les êtres vivants utilisent l'oxygène (O_2) produit par les plantes et rejettent un peu de gaz carbonique (CO_2) dans l'atmosphère. Le CO_2 sert ensuite aux plantes lors de la photosynthèse.

3. Les êtres vivants respirent l'oxygène (O_2) fabriqué par les végétaux.

4. En respirant, les êtres vivants produisent du CO_2 qui sert ensuite aux plantes pour fabriquer leur nourriture.

Lorsqu'ils meurent, les végétaux se **décomposent** et retournent le carbone dans l'atmosphère sous la forme de gaz carbonique (CO_2) et de méthane (CH_4).

L'air

7

satellite artificiel

météorites

L'atmosphère, protectrice de la Terre

L'**atmosphère** est la couche de gaz qui entoure la Terre. En plus de contenir l'air qui nous permet de respirer, elle agit comme un bouclier qui nous protège des rayons nocifs du Soleil, des **météorites** et des grands écarts de température. Sans l'atmosphère, les jours seraient terriblement chauds et les nuits glaciales.

Lorsque des météorites entrent dans l'atmosphère terrestre, elles sont brûlées et illuminent le ciel nocturne. Ce sont les **étoiles filantes**!

LE TROU DANS LA COUCHE D'OZONE

Dans les années 1980, la couche d'ozone a été en partie détruite par des gaz nocifs produits par les humains, appelés « **chlorofluorocarbures** » ou « **CFC** ». Il s'agit de gaz réfrigérants (qui produisent du froid). On les mettait dans les réfrigérateurs, par exemple. L'utilisation des CFC a formé un trou géant dans la **couche d'ozone**. Les rayons ultraviolets du Soleil ont pu atteindre plus facilement la Terre et causer des dommages sur la peau des êtres vivants, en plus d'empêcher certaines plantes de bien croître. Pour réparer le trou, près de 200 pays ont signé en 1987 le Protocole de Montréal et se sont engagés à réduire leur production de CFC. Depuis, la couche d'ozone se rétablit tranquillement.

L'air

L'atmosphère est divisée en cinq couches.

EXOSPHÈRE (à partir de 500 km d'altitude):

On trouve dans cette immense couche, la plus éloignée de nous, plusieurs satellites artificiels en orbite autour de la Terre.

500 km

THERMOSPHÈRE (80 à 500 km d'altitude):

C'est dans cette couche que se forment les **aurores boréales** et que la majorité des rayons du Soleil sont absorbés. La température y est donc très chaude et peut dépasser les 1 000 °C. C'est à peu près la température de la lave qui sort d'un volcan!

aurore boréale

80 km

MÉSOSPHÈRE (50 à 80 km d'altitude):

Il s'agit de la couche la plus froide de l'atmosphère. La température peut descendre sous les −100 °C. C'est plus froid qu'en Antarctique en plein hiver!

50 km

STRATOSPHÈRE (15 à 50 km d'altitude):

On y trouve la **couche d'ozone**, qui fait le tour de la Terre et qui nous protège des rayons ultraviolets émis par le Soleil.

couche d'ozone

15 km

TROPOSPHÈRE (jusqu'à 15 km d'altitude):

C'est dans cette couche que se forment les nuages, les tempêtes et les ouragans. C'est ici aussi que volent les avions. Plus on monte haut dans la troposphère, plus la température est froide et plus la quantité d'air et d'oxygène diminue.

avion

L'air

La Terre : une serre géante

Certains gaz qui se trouvent naturellement dans l'air agissent comme les vitres d'une serre. Ils sont capables de retenir dans l'**atmosphère** la chaleur produite par les rayons du Soleil. On appelle ce phénomène « **effet de serre** ».

Plusieurs gaz participent à ce phénomène. Ce sont les **GES**, abréviation de « gaz à effet de serre ». Les principaux GES sont le gaz carbonique (CO_2), le méthane (CH_4) et l'ozone (O_3).

Une partie des GES est rejetée naturellement dans l'air par des processus comme la respiration et la **décomposition** des **matières organiques** (feuilles mortes, branches et autres résidus provenant de plantes ou d'animaux). La digestion des **animaux ruminants** (vaches, bœufs, moutons, chèvres) produit aussi des GES.

L'effet de serre permet de maintenir une température moyenne d'environ 15 °C sur la Terre. Sans lui, la température moyenne de notre planète descendrait à −18 °C !

10 L'effet de serre

Comment l'effet de serre se produit-il sur la Terre ?

Le Soleil émet de l'énergie sous la forme de rayonnements. Ces rayons atteignent la surface de la Terre, réchauffant le sol et les océans pendant la journée. La nuit, la chaleur emmagasinée dans le sol et les océans retourne dans l'atmosphère où elle est en partie piégée.

1. Une partie des rayons du Soleil est bloquée par l'atmosphère et réfléchie dans l'espace.

2. Une autre partie des rayons pénètre l'atmosphère et réchauffe la Terre.

3. Une partie de la chaleur de la Terre traverse l'atmosphère et retourne dans l'espace.

4. Une autre partie est bloquée par la vapeur d'eau, les nuages et les gaz à effet de serre. La chaleur reste ainsi piégée sur la Terre et réchauffe l'air.

L'effet de serre

Environnement fragile

L'air met en place les conditions gagnantes pour assurer le maintien de la vie sur Terre. Par exemple, il fait en sorte que la température de notre planète ne soit ni trop chaude ni trop froide grâce à l'**effet de serre**. Il permet aussi aux êtres vivants de respirer, puisqu'il contient de l'**oxygène** en quantité suffisante.

Mais l'air est un environnement très fragile. Des changements peuvent facilement briser son équilibre et avoir des conséquences sur les sols, les forêts, l'eau et les êtres vivants. On peut penser aux **catastrophes naturelles** (éruption d'un volcan, feux de forêt) qui rejettent beaucoup de polluants d'un seul coup dans l'**atmosphère**.

L'ÉRUPTION DU MONT SAINT HELENS

En 1980, dans l'État de Washington aux États-Unis, le volcan du Mont Saint Helens est entré en éruption. La fumée du volcan est montée à des kilomètres de hauteur, laissant s'échapper dans l'air des tonnes de dioxyde de soufre, un gaz à effet de serre. Dans les jours qui ont suivi l'éruption, les cendres rejetées par le volcan ont été transportées par les vents et ont fait le tour de la Terre.

Depuis environ 200 ans, les **activités humaines** ont produit d'énormes quantités de polluants qui se sont accumulées dans l'air. Puisque ces polluants sont en grande partie des GES, ils piègent encore plus de chaleur dans l'atmosphère. La température à la surface de la Terre augmente donc peu à peu.

Ce réchauffement de notre planète est à l'origine des **changements climatiques**. Il s'agit de perturbations importantes de la météo que l'on observe partout sur la planète depuis quelques années. Dans certaines régions, les tempêtes sont plus fréquentes et violentes, provoquant des pluies abondantes et des inondations. Ailleurs, de grandes sécheresses font rage, causant parfois d'immenses feux de forêt. Plusieurs êtres vivants souffrent de ces perturbations et sont menacés de disparition.

Voyons plus en détail les activités humaines qui polluent l'air et les gestes que nous pouvons poser pour le préserver.

Les polluants de l'air

Lorsque des polluants s'accumulent dans l'**atmosphère**, ils perturbent l'équilibre de l'air, ce qui est dangereux pour la santé des êtres vivants et pour l'environnement. Il existe plusieurs polluants dans l'air. Parmi ceux-ci, il y a les **GES** et les particules fines. La plupart sont rejetés par les **activités humaines** entourant la production d'électricité, les industries, les transports (voitures, avions, camions) et l'agriculture.

> Les **particules fines** sont de minuscules fragments de polluants qui se trouvent dans l'air et dans la pluie. Elles sont rejetées par le chauffage au bois, les usines et les véhicules à moteur. Même si elles sont invisibles, ces particules sont dangereuses pour notre santé et celle des animaux, puisqu'elles irritent les poumons.

Même s'ils sont nécessaires à la survie des êtres vivants, ces gaz sont aujourd'hui considérés comme des polluants, puisqu'ils sont en **excès** dans l'air. Ils piègent trop de chaleur dans l'atmosphère et réchauffent la planète.

Les principaux GES qui polluent l'air sont :

- le **gaz carbonique (CO_2)**, rejeté principalement par les transports motorisés et les usines ;

- le **méthane (CH_4)**, produit par l'élevage de **bétail** et l'agriculture ;

- l'**oxyde nitreux (N_2O)**, qui se trouve en grandes quantités dans les engrais.

Mesurer la qualité de l'air

Il est possible de savoir si l'air que l'on respire est pur, ou au contraire pollué, grâce à l'**indice de la qualité de l'air**. Celui-ci est calculé à différents endroits sur la planète en mesurant la quantité des principaux polluants dans l'air. Plus l'indice de la qualité de l'air est élevé, plus l'air est pollué et mauvais pour la santé et l'environnement. Au contraire, plus il est bas, plus l'air que nous respirons est pur.

L'indice de la qualité de l'air peut aussi être représenté par des couleurs : du vert pour un air pur jusqu'au rouge pour un air très pollué.

Les polluants de l'air 15

Des cheminées qui se multiplient

Les humains ont toujours pollué l'air en rejetant de petites quantités de **GES**, par exemple en brûlant du bois pour se réchauffer ou cuisiner. Mais ces activités n'ont jamais perturbé l'équilibre de l'air… jusqu'à récemment.

Un peu d'histoire

Entre les années 1770 et 1840, de nombreuses inventions comme la **machine à vapeur** transforment la société. C'est la **révolution industrielle**. Partout dans le monde, des appareils de plus en plus puissants facilitent l'exploitation du charbon et des autres **combustibles fossiles**. Ceux-ci sont brûlés massivement dans les usines pour produire de l'énergie. Les cheminées, nombreuses, rejettent des quantités toujours plus grandes de polluants dans l'air.

Afin de se rapprocher des usines, les humains délaissent les terres pour s'installer dans les villes. Ces dernières s'étendent alors, prenant peu à peu la place des forêts qui purifient l'air. Depuis, la pollution s'accumule dans l'**atmosphère**, ce qui augmente l'**effet de serre** et contribue au réchauffement de la planète.

Activités humaines (industries)

Des pluies acides

Les pluies acides sont des **précipitations** (pluie, neige) plus acides que la normale. Elles se produisent quand des polluants qui se trouvent dans l'air se combinent avec les gouttelettes d'eau qui forment les nuages. Lorsqu'elles tombent au sol et dans les cours d'eau, les pluies acides nuisent à la santé des plantes et des animaux.

> Le vinaigre et le citron sont des **acides**. Ils nous font grimacer, mais ils sont sans danger pour notre santé. Certains acides, tels que l'acide sulfurique et l'acide nitrique, sont beaucoup plus nocifs et sont responsables des pluies acides.

Des énergies utiles... mais polluantes

Les **combustibles fossiles** sont des matières enfouies dans le sol. Lorsqu'on les brûle, ces matières produisent de la chaleur et de l'énergie. Les humains les utilisent pour produire de l'électricité et faire fonctionner les usines ainsi que les véhicules à moteur. En brûlant, les combustibles fossiles rejettent de grandes quantités de gaz carbonique et de méthane, deux **GES** très polluants.

> Le pétrole, le charbon et le gaz naturel sont des combustibles fossiles.

Activités humaines (industries)

Les centrales électriques

L'électricité qui arrive jusqu'à nos maisons est produite dans des **centrales électriques**. Dans le monde, une grande partie d'entre elles utilise des **combustibles fossiles** (charbon, gaz naturel, pétrole) comme source d'énergie. Elles produisent donc non seulement de l'électricité, mais aussi beaucoup de **GES** (gaz carbonique, oxyde d'azote, dioxyde de soufre). Ces polluants sont rejetés dans l'air et réchauffent la planète.

Heureusement, de plus en plus de pays fabriquent aujourd'hui une partie de leur électricité à partir d'énergies propres et **renouvelables** comme l'eau, le soleil et le vent. Ces ressources naturelles peuvent être réutilisées à l'infini, ce qui n'est pas le cas pour les combustibles fossiles, qui s'épuisent rapidement, en plus d'être très polluants.

centrale électrique au charbon

Activités humaines (industries)

Le vent : une énergie propre

Le vent est un phénomène naturel qui se crée lorsque de l'air chaud rencontre de l'air froid dans l'**atmosphère**. Quand cela arrive, l'air se déplace et produit du vent. Les humains se servent depuis longtemps du vent pour faire tourner les pales des **moulins** et générer de l'énergie pour moudre le grain ou amener l'eau jusqu'aux champs. Les énergies propres, comme celle du vent, ne polluent pas l'air.

Une idée de génie

En 1888, l'Américain Charles Francis Brush invente l'**éolienne** afin d'utiliser l'énergie du vent pour produire de l'électricité. Le principe est simple. Le vent fait tourner les pales (hélices) de l'éolienne. Le mouvement génère alors une énergie qui permet de fabriquer de l'électricité.

Depuis, les éoliennes se sont modernisées. Elles sont plus puissantes et ont en moyenne seulement trois pales. Plusieurs pays utilisent le vent pour produire de l'électricité. C'est le cas du Danemark, un champion dans ce domaine. Près de la moitié de l'électricité produite dans ce pays est fournie par l'**énergie éolienne** !

L'éolienne construite par Charles Francis Brush était aussi haute qu'un immeuble de 5 étages et était munie de 144 pales ! Elle produisait suffisamment d'énergie pour alimenter sa maison en électricité.

Activités humaines (industries) 19

Des déplacements qui réchauffent la planète

Les **véhicules à moteur** (voitures, camions, bateaux, avions) sont utiles pour se déplacer sur de longues distances ainsi que pour transporter jusqu'à nous les aliments et les biens dont nous avons besoin pour vivre. Toutefois, ces véhicules sont aussi très polluants. Pour fonctionner, les moteurs brûlent de l'essence et rejettent du **gaz carbonique** et des **particules fines** dans l'air. Ces polluants s'accumulent dans l'**atmosphère** et augmentent l'**effet de serre**. On compte plus d'un milliard de voitures dans le monde qui, chaque jour, réchauffent la planète.

Le **smog** est un brouillard jaunâtre fait de polluants. Il se crée parfois au-dessus des villes où la circulation automobile est importante. Il est causé par les **GES** et les particules fines rejetés par les véhicules. Le smog augmente l'effet de serre sur la planète. Il est aussi mauvais pour la santé des êtres vivants puisqu'il diminue la qualité de l'air.

Pour limiter l'utilisation d'essence, il existe des **moteurs hybrides** ou **électriques**, qui ont besoin de peu ou pas d'essence pour fonctionner. Aujourd'hui, ces véhicules se multiplient.

Un centre-ville sans voiture

Partout dans le monde, des villes agissent pour réduire la pollution de l'air. Par exemple, à Oslo, en Norvège, il est désormais interdit de circuler en voiture au centre-ville ! Pour permettre aux citoyens de se déplacer à vélo, on a construit dans la ville des dizaines de kilomètres de **pistes cyclables**. On peut aussi marcher ou utiliser les **transports en commun**. Pour rendre l'expérience encore plus agréable, Oslo a aménagé de nombreux parcs et **espaces verts**. Quoi de mieux pour réduire la pollution tout en profitant du grand air ?

Voici quelques gestes que tu peux poser pour AIDER à diminuer la pollution produite par les moyens de transport et ainsi préserver l'air :

- **Pratique** la marche ou le vélo pour te déplacer. Lorsque ce n'est pas possible, privilégie en famille les transports en commun (autobus, métro, tramway, train), qui sont moins polluants, plutôt que la voiture. Savais-tu qu'un seul autobus libère la route de 40 voitures ?

- **Demande** à tes parents de rouler moins vite en voiture. L'automobile consommera alors moins d'essence.

- **Mange** des fruits et légumes de saison, produits par des agriculteurs de ta région, ce qui réduit le temps de transport (donc la pollution) pour apporter la nourriture jusqu'à toi.

Activités humaines (transports)

Une nourriture polluante

Les humains cultivent le sol pour se nourrir depuis des milliers d'années. Autrefois, chacun faisait pousser ses propres aliments, en petites quantités. Aujourd'hui, pour subvenir aux besoins d'une population qui croît sans cesse, la nourriture est produite en masse sur de grandes terres agricoles. Au fil du temps, plusieurs forêts ont été coupées ou brûlées pour être transformées en champs ou en pâturages pour le **bétail**.

> Tant qu'ils sont vivants, les végétaux purifient l'air et emmagasinent le carbone en faisant la photosynthèse. Quand on détruit des forêts, le carbone emmagasiné est rejeté dans l'air. Par conséquent, la pollution de l'air augmente et la planète se réchauffe.

Ce n'est pas tout. Pour que les aliments qu'ils cultivent poussent mieux et rapidement, les agriculteurs répandent des **engrais chimiques** sur leurs terres. Malheureusement, seulement une partie de l'engrais est utilisée par les végétaux. Le reste finit dans les cours d'eau et les pollue, ou est libéré dans l'air sous forme d'oxyde nitreux (N_2O), un **GES**.

Ainsi, la **production intensive** de nourriture rejette des polluants dans l'**atmosphère**, en plus de détruire les forêts qui emmagasinent le carbone et qui purifient l'air.

Burp !
(CH_4)

Lorsqu'ils digèrent leur nourriture, certains animaux d'élevage (bœufs, vaches, moutons) produisent du **méthane** (CH_4). Celui-ci est surtout expulsé dans l'air par leurs rots. Le méthane est un puissant GES qui contribue au **réchauffement climatique**.

Activités humaines (agriculture)

Produire de la nourriture biologique

L'**agriculture biologique** n'utilise pas d'engrais chimique. Pour aider la croissance des plantes, les cultivateurs d'aliments biologiques ont plutôt recours à des **engrais naturels**, comme le **compost** ou le **fumier**. La culture en alternance de différentes variétés de plantes est aussi une bonne façon d'enrichir le sol sans utiliser d'engrais chimiques.

Il est possible de faire l'élevage de bétail en étant plus respectueux de l'environnement, par exemple en diminuant le nombre d'animaux dans le troupeau. Les éleveurs biologiques utilisent aussi en priorité l'herbe des pâturages pour nourrir leurs bêtes plutôt que de la moulée fabriquée en usine.

Voici quelques gestes que tu peux poser pour RÉDUIRE la pollution associée à la nourriture et préserver l'air :

- **Encourage** tes parents à acheter des aliments biologiques, dont la culture utilise des engrais naturels.

- **Réduis** ta consommation de viande rouge comme le bœuf, dont l'élevage produit du méthane, et remplace-les par des aliments moins polluants comme le poulet, les fruits et les légumes.

Activités humaines (agriculture) 23

L'effet de nos activités sur l'air

Il est vrai que la majeure partie de la pollution de l'air est produite par les industries, le transport, l'élevage et l'agriculture. Pourtant, plusieurs de nos activités de tous les jours ont aussi un impact sur la qualité de l'air et contribuent au **réchauffement climatique**.

Par exemple, nous produisons chaque jour beaucoup de déchets. Après avoir été ramassés, une grande partie de ceux-ci est enterrée dans des **sites d'enfouissement**. Avec le temps, les déchets se **décomposent** et rejettent du méthane dans l'air, ce qui contribue au réchauffement de notre planète.

Voici quelques gestes que tu peux poser pour RÉDUIRE la quantité de déchets que tu mets à la poubelle :

- **Demande-toi** si tu peux réutiliser, échanger, donner ou recycler avant de jeter quelque chose à la poubelle.

- **Composte** tes résidus alimentaires. Plusieurs villes dans le monde collectent les résidus organiques (restes de nourritures, feuilles, branches) pour en faire du **compost** ou de l'énergie. Si ce n'est pas le cas dans ta ville, informe-toi sur la manière de fabriquer ta propre boîte de compost. Tu pourras ensuite utiliser ce compost comme engrais naturel dans ton jardin.

Notre consommation d'électricité

Le chauffage, la climatisation, le chauffe-eau et les appareils électriques (ordinateur, réfrigérateur) consomment énormément d'électricité. Malheureusement, l'électricité rejette beaucoup de polluants, puisque les principales sources d'énergie utilisées pour en produire dans le monde demeurent les **combustibles fossiles**.

Internet : ce grand pollueur

Bien qu'on ne le voie pas, le réseau Internet utilise abondamment d'énergie. En fait, ce sont les **centres de données** qui stockent, traitent et organisent les données d'Internet qui sont polluants. Ils produisent une grande quantité de chaleur lorsqu'ils fonctionnent. Ils doivent donc être refroidis par des systèmes de climatisation qui demandent beaucoup d'électricité, donc d'énergie.

L'envoi de courriels durant une année génère autant de gaz carbonique que l'utilisation de 7 millions de voitures !

Voici quelques gestes que tu peux poser pour RÉDUIRE ta consommation d'électricité :

- **Ferme** les lumières quand tu sors d'une pièce.

- **Baisse**, en hiver, la température dans ta chambre pendant la nuit et lorsque tu n'es pas à la maison.

- **Ferme**, en été, les rideaux et les fenêtres par temps chaud afin de préserver la fraîcheur à l'intérieur.

- **Prends** des douches plus courtes. En plus d'économiser l'eau, tu donneras une pause à ton chauffe-eau !

- **Envoie** des textos plutôt que des courriels. Un message texte est près de 300 fois moins polluant qu'un courriel.

Nos activités quotidiennes

Quelle empreinte laissons-nous?

Il est possible de connaître la trace que nous laissons sur l'environnement en calculant ce que l'on appelle l'« **empreinte carbone** ». Celle-ci correspond à la quantité de gaz carbonique produite par une personne, un objet, une entreprise ou un pays.

L'empreinte carbone d'un objet tient compte de la quantité de gaz carbonique rejetée pendant sa fabrication, son transport et son utilisation. Le calcul de l'empreinte carbone d'une personne inclut quant à lui le gaz carbonique associé à ses déplacements, à son alimentation et à son mode de vie (consommation d'électricité, achat d'objets).

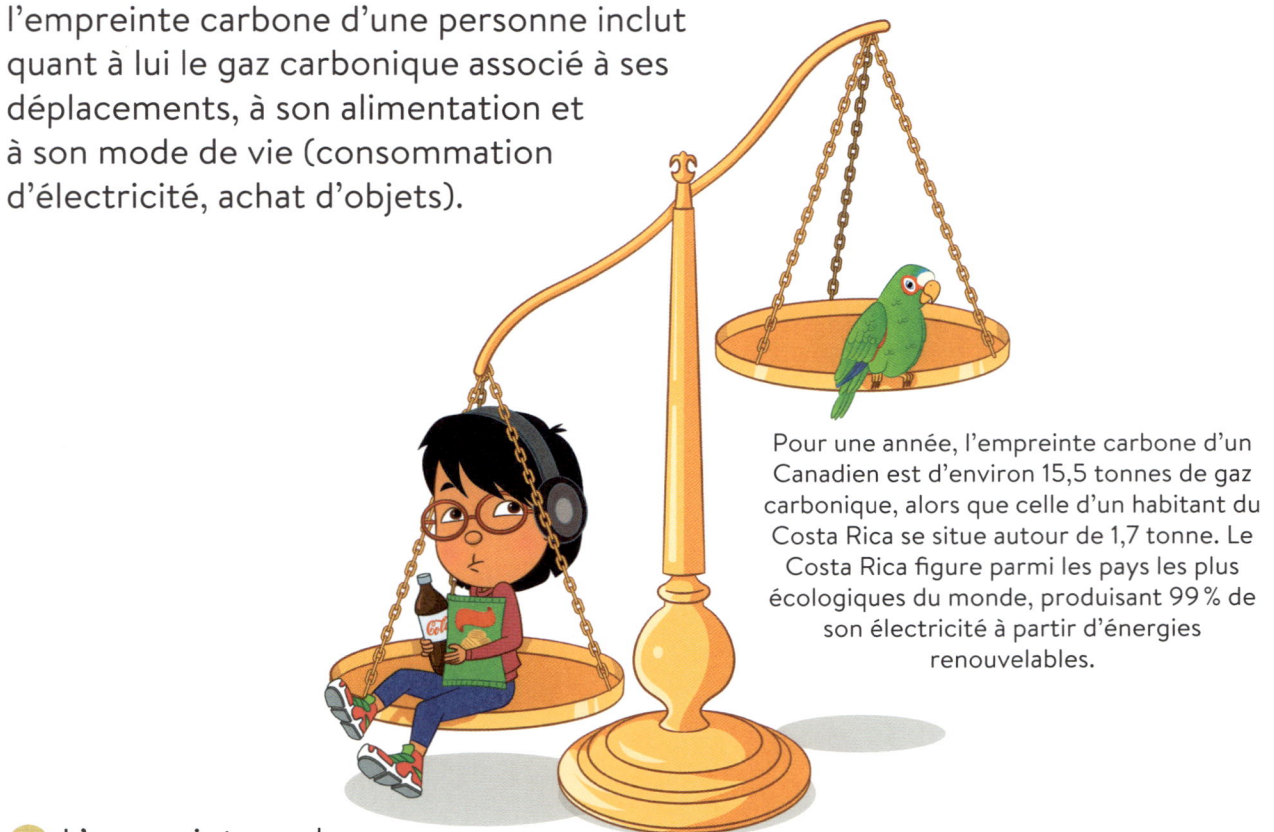

Pour une année, l'empreinte carbone d'un Canadien est d'environ 15,5 tonnes de gaz carbonique, alors que celle d'un habitant du Costa Rica se situe autour de 1,7 tonne. Le Costa Rica figure parmi les pays les plus écologiques du monde, produisant 99 % de son électricité à partir d'énergies renouvelables.

Des espaces verts pour réduire l'empreinte carbone

On peut réduire la quantité de gaz carbonique (CO_2) dans l'air, et donc l'empreinte carbone d'une ville ou d'un pays, en aménageant des **espaces verts** (toits couverts de verdure, parcs, jardins). Les végétaux font partie de la solution pour limiter le réchauffement de notre planète. Ils produisent de l'oxygène et captent une partie du carbone qui se trouve dans l'**atmosphère**. De cette façon, il y a moins de **GES** dans l'air. Les plantes contribuent aussi à préserver la **biodiversité**.

En ville, l'asphalte et le béton qui sont utilisés pour construire les routes et les immeubles captent la chaleur, ce qui fait augmenter la température aux alentours. On appelle ces endroits des « **îlots de chaleur** ». L'aménagement d'espaces verts dans les villes aide à lutter contre ces îlots de chaleur. En effet, les plantes créent des zones d'ombre et de fraîcheur pour les êtres vivants. En plus de purifier l'air et d'embellir l'environnement, ce sont des **climatiseurs naturels** !

Il est possible de RÉDUIRE ton empreinte carbone en aménageant des espaces verts à la maison. Si tu n'as pas de place chez toi pour planter un arbre, tu peux faire pousser des plantes, des petits fruits ou des légumes sur ton balcon, dans la ruelle ou même dans la cour de ton école !

L'empreinte carbone

Pour un futur respectueux de l'environnement

L'air est essentiel à tous les êtres vivants. Il faut en prendre soin et réfléchir aux conséquences de nos activités sur l'air, ainsi qu'aux gestes que nous pouvons poser pour le protéger. Il est important d'adopter dès maintenant des habitudes de vie qui permettront de réduire la quantité de **GES** rejetés dans l'**atmosphère**. Ces polluants sont aujourd'hui en excès dans l'air et perturbent son équilibre. Ils font en sorte que la planète se réchauffe de plus en plus rapidement, ce qui est dangereux pour notre santé et celle de l'environnement.

Comme chaque petit geste compte, il faut donc...

- **Réduire** notre consommation d'électricité.
- **Se déplacer** de préférence à pied, à vélo ou en transports collectifs, plutôt qu'en voiture.
- **Consommer** des aliments locaux, cultivés de façon biologique.
- **Créer** plus d'espaces verts en plantant des arbres et d'autres plantes qui produiront de l'oxygène et capteront une partie du gaz carbonique rejeté dans l'atmosphère.

Futur

Des solutions déjà en place

- **Le Jour de la Terre**

  Le 22 avril de chaque année, une multitude de personnes, partout sur la planète, célèbrent le Jour de la Terre en participant à une grande marche. L'objectif est de **sensibiliser** les citoyens du monde à l'importance de prendre soin de l'environnement.

- **Des accords entre les pays du monde**

  Afin de lutter contre le **réchauffement climatique**, de nombreux pays se sont associés dans le but commun de réduire leur production de **GES**. Ce fut le cas en 1997 avec le **Protocole de Kyoto**, puis en 2015 avec l'**Accord de Paris**. On espère ainsi limiter le réchauffement de la planète.

  Voilà un grand défi qui demande que l'on fasse tous notre part en tant que citoyens du monde !

- **Verdir les villes pour dépolluer**

  À Séoul, en Corée du Sud, une autoroute en hauteur a été transformée en jardin suspendu. À New York, aux États-Unis, c'est plutôt une voie ferrée aérienne qui est devenue un magnifique parc, la High Line. D'autres initiatives voient le jour chaque année à travers le monde.

La High Line surplombe les rues de New York sur plus de 2 kilomètres.

Solutions **29**

Activités

1. Dans toutes les langues

Français	Air	
Anglais	Air	se prononce «èr»
Espagnol	Aire	se prononce «a-i-ré»
Italien	Aria	se prononce «a-ria»
Allemand	Luft	se prononce «louft»
Mandarin	空气	se prononce «kon-tchi»
Arabe	هواء	se prononce «hawa-e»
Russe	воздух	se prononce «voz-douh»

2. Observe l'effet de serre

Il est possible d'observer de tes propres yeux l'**effet de serre**.

Les étapes :

1. Remplis les deux verres avec la même quantité d'eau.

2. Dépose les deux verres au soleil.

3. Recouvre un des deux verres du bol transparent.

4. Attends 1 heure environ, puis mesure la température de l'eau dans les deux verres.

Dans quel verre la température est-elle la plus élevée ?

Ce dont tu as besoin :

- 2 petits verres de même grandeur
- 1 grand bol transparent
- 1 thermomètre
- De l'eau

Ici, le bol transparent agit comme le font les gaz à effet de serre dans l'**atmosphère** : ils retiennent la chaleur et réchauffent notre planète.

3. Crée un espace vert

Pour embellir l'espace et purifier l'air, tu peux fabriquer un espace vert dans ta cour, sur ton balcon, dans la maison ou encore à l'école ! Demande à tes parents ou à ton enseignant de t'aider.

Les étapes :

1. Place les pots ou les bacs à l'endroit où tu veux installer ton espace vert, de manière qu'ils soient exposés au soleil au moins une partie de la journée.

2. Remplis les pots ou les bacs de terre.

3. Avec tes doigts, creuse de petits trous dans la terre et déposes-y les graines.

4. Recouvre doucement les graines de terre à l'aide de tes mains.

5. Arrose ton futur jardin d'un peu d'eau chaque jour.

Voilà ! D'ici quelques semaines, tu pourras admirer ton nouvel espace vert !

Ce dont tu as besoin :

- Des graines de fleurs, de fruits ou de légumes
- De la terre
- 1 ou plusieurs bacs ou pots pour faire pousser tes plantes
- 1 paire de gants de jardinage
- 1 arrosoir

Activités 31

Glossaire

Altitude : Hauteur par rapport au niveau moyen de la mer.

Atmosphère : Couche de gaz (air) qui entoure la Terre.

Aurores boréales : Lumières colorées que l'on peut apercevoir dans le ciel polaire.

Bétail : Ensemble des grands animaux d'élevage (vaches, bœufs, moutons, chèvres, porcs).

Biodiversité : Diversité des espèces vivant dans un lieu ou un environnement.

Combustible fossile : Matière issue du sol qui produit de l'énergie en brûlant (pétrole, gaz naturel, charbon).

Compost : Terre riche produite à partir de déchets organiques (aliments, feuilles et autres résidus d'êtres vivants).

Décomposition : Matière organique (feuilles, branches et autres résidus d'êtres vivants) qui se défait en morceaux toujours plus petits, jusqu'à devenir de la terre.

Effet de serre : Phénomène qui retient dans l'atmosphère la chaleur émise par les rayons du Soleil.

Éolienne : Machine qui capte l'énergie du vent et la convertit en électricité.

Fumier : Mélange fait à partir d'excréments d'animaux et qui sert d'engrais naturel.

GES : Abréviation de « gaz à effet de serre ». Les GES piègent dans l'atmosphère la chaleur produite par les rayons du Soleil.

Météorite : Morceau de roche provenant de l'espace qui traverse l'atmosphère pour atteindre le sol.

Minéraux : Substances naturelles non vivantes qui entrent dans la composition des roches.

Réchauffement climatique : Augmentation graduelle de la température moyenne de la Terre.

Abréviations

°C = degré Celsius
km = kilomètre